## 기획 윤구병

1943년 전라남도 함평에서 태어나 서울 대학교 철학과와 대학원을 졸업하고, 월간 〈뿌리 깊은 나무〉의 초대 편집장을 지냈습니다.
충북 대학교 철학과 교수로 있으면서 어린이 책 〈올챙이 그림책〉 〈어린이 마을〉 〈달팽이 과학 동화〉를 기획하고 펴냈습니다.
1995년 대학 교수직을 그만두고 전라북도 부안으로 내려가 농사를 지으면서 대안 교육을 하는 '변산교육공동체'를 세웠습니다.
20여 가구 50여 명이 모여 살며 논농사 밭농사를 짓고, 젓갈·효소·술 같은 것을 만들어 자급자족하면서 자녀들과 함께
공동체 삶의 소중함을 배우고 가르쳐 오고 있습니다.
지은 책으로 그림책 《우리 순이 어디 가니》 《바빠요 바빠》 《심심해서 그랬어》 《우리끼리 가자》 《당산 할매와 나》 《울보 바보 이야기》
《모르는 게 더 많아》가 있고, 《잡초는 없다》 《변산공동체학교 – 어제, 오늘 그리고 내일》 《꼭 같은 것보다 다 다른 것이 더 좋아》
《가난하지만 행복하게》 《흙을 밟으며 살다》 《자연의 밥상에 둘러앉다》 《꿈이 있는 공동체 학교》 들이 있습니다.

## 그림 정지윤

1979년 서울에서 태어나 홍익 대학교에서 동양화를 공부했어요.
《다 콩이야》 《꼴찌도 상이 많아야 한다》에 그림을 그렸고,
〈올챙이 그림책〉 가운데 《봄이 왔어요》 《가을이 왔어요》 《겨울이 왔어요》에 그림을 그렸어요.
〈달팽이 과학 동화〉 가운데 《아직 쓸 만한 걸》에도 그림을 그렸습니다.

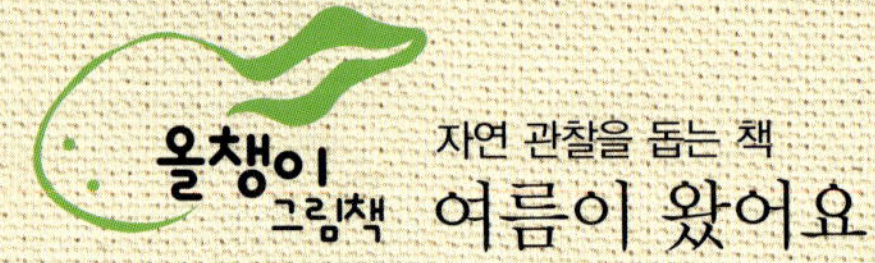


자연 관찰을 돕는 책
여름이 왔어요


초판 1쇄 발행일 1991년 | 개정판 1쇄 발행일 2011년 5월 30일 | 개정판 6쇄 발행일 2023년 4월 17일
기획 윤구병 | 그림 정지윤 | 발행인 김학원
스캔·출력 (주)로얄프로세스 | 용지 화인페이퍼 | 인쇄 삼조인쇄 | 제본 다인바인텍
발행처 휴먼어린이 | 출판등록 제313-2006-000161호(2006년 7월 31일) | 주소 03991 서울시 마포구 동교로23길 76(연남동)
전화 02-335-4422 | 팩스 02-334-3427 | 홈페이지 www.humanistbooks.com

ⓒ (재)변산공동체학회, 윤구병 2011
ISBN 978-89-6591-008-4  17370

# 여름이 왔어요

윤구병 기획 | 정지윤 그림

여름이에요.
햇볕이 참 뜨거워요.

모두 시원한 옷을 입었어요.
내 동생은 발가벗었어요.

곡식들이 쑥쑥 자라요.
이 감자 좀 보세요.
맛있겠지요?

맛있는 과일들이 많이 나요.
나는 수박도 먹고 참외도 먹어요.

형이랑 멱을 감으러 가요.
형은 개구리헤엄을 치고,
나는 땅을 짚고
물장구를 쳐요.

'후드득후드득'
갑자기 소나기가 와요.
소나기는 금방 멎어요.

'맴맴 찌르르르'
미루나무에서 매미가 울어요.
형이랑 나는 살금살금 매미를
잡으러 가요.

이모가 손톱에 봉숭아물을 들여 주었어요.
내일 아침이면 빨갛게 물들 거예요.

엄마가 마당에 모깃불을 피웠어요.
마당에서 잠을 자면 시원해요.

내 얼굴 좀 보세요.
까맣게 탔지요?
그래도 나는 여름이 좋아요.